Damaris Bednarsky

PALILA WILL KEIN PLASTIK MEHR
Eine Geschichte für kleine Naturbeschützer

Dieses Buch gehört:

_____

Impressum

Damaris Bednarsky, Spargelweg 1, 68239 Mannheim (Hrsg.)

Text und Idee: Damaris Bednarsky
Illustration: Sabine Marie Körfgen
Layout: Jimmin Bednarsky

Druck: F&W Druck- und Mediencenter GmbH
Holzhauser Feld 2, 83361 Kienberg

1. Auflage 2022
ISBN 978-3-00-072163-2

www.palila-tut-was.de

Alle Personen in dieser Geschichte sind fiktive Figuren. Das Werk, einschließlich seiner Teile, ist urheberrechtlich geschützt. Jede Verwertung ist ohne Zustimmung der Autorin unzulässig. Dies gilt insbesondere für die elektronische oder sonstige Vervielfältigung, Übersetzung, Verbreitung und öffentliche Zugänglichmachung.

Bibliografische Information der Deutschen Nationalbibliothek:
Die Deutsche Nationalbibliothek verzeichnet diese Publikation in der Deutschen Nationalbibliografie; detaillierte bibliografische Daten sind im Internet über http://dnb.d-nb.de abrufbar.

**Hallo liebe Kinder,
ich bin Damaris Bednarsky,
die Autorin dieses Buches.**
Das heißt, ich habe mir diese Palila-Geschichte ausgedacht und dann aufgeschrieben.

Neben meinem Mann und unseren vier Kindern gehören auch fünf Hühner, ein Hahn und ein Pony zu meiner Familie. Ihr merkt schon: Ich liebe Tiere. Sogar Schnecken wie Pelle.

Außerdem liebe ich Geschichten. Schon immer! Ich habe buchstäblich tausende Bücher zu Hause und lese dauernd. Als Grundschullehrerin erzähle ich aber auch gerne Geschichten. Nur malen kann ich leider gar nicht gut.

Deshalb habe ich **Sabine Marie Körfgen** gefragt, ob sie die Bilder zu dieser Geschichte malt und das Bilderbuch gestaltet. Sie ist von Beruf Illustratorin und hat schon viele Kinderbücher illustriert. Mir gefallen ihre Zeichnungen sehr gut. Als ich Palila zum ersten Mal sehen durfte, war ich begeistert.

Vieles von dem, was Palila erlebt, ist auch so ähnlich bei uns passiert. Deshalb weiß ich genau: Das, was die Bilderbuchfamilie in dieser Geschichte versucht, das klappt! Und nun bin ich gespannt. Hast du die Geschichte schon gelesen? Machst du mit? Hast du Lust, das Plastiksparen auch mit deiner Familie auszuprobieren, um die Meeresbewohner und Vögel zu schützen? Dann erzähle mir doch gerne davon. Ich freue mich riesig, wenn du mir schreibst.

Du hältst gerade ein ganz **besonderes Bilderbuch** in der Hand.
Es ist besonders, weil wir es so hergestellt haben, dass die Natur so gut wie möglich beschützt wird. Dabei hat mir Benedikt Wild geholfen. Ihm gehört die Druckerei, die dieses Bilderbuch gedruckt hat.
Normalerweise werden Bücher von außen mit einer hauchdünnen Plastikhaut umhüllt. Die Erwachsenen nennen das Cellophanierung. Ein schwieriges Wort, oder? Diese Hülle sorgt dafür, dass die Bücher unempfindlich sind.
Da ich aber – wie Palila – kein Plastik mehr will, habe ich Benedikt um Rat gefragt. Er hat die Bücher nun außen mit einem speziellen Papier umhüllt. Das verträgt zwar kein Wasser, ist aber trotzdem fest genug, um unser Buch gut zu schützen. Vor allem, wenn du versuchst, darauf aufzupassen und es nicht aus Versehen nass wird.
Auch bei den Buchinnenseiten haben wir uns für besonderes Papier entschieden. Vielleicht weißt du schon, dass Papier aus dem Holz von Bäumen hergestellt wird.

Dieses Siegel sagt dir, dass das Holz für die Papiere dieses Buches aus Wäldern stammt, in denen nicht nur einfach Bäume gefällt werden, um Holz zu ernten. Die Waldbesitzer haben versprochen, dafür zu sorgen, dass auch immer wieder neue kleine Bäumchen gepflanzt werden.

Wenn in einer Druckerei Bücher gedruckt werden, entsteht CO_2 – ein Abgas, das in die Umwelt gelangt. Zu viel CO_2 ist schädlich für das Klima. Es gibt verschiedene Wege, diesen Schaden auszugleichen. Bäume können zum Beispiel das CO_2 aufnehmen und speichern. Deshalb haben wir ein Klimaschutzprojekt unterstützt, das Bäume pflanzt, die wieder ungefähr so viel CO_2 „einfangen", wie wir beim Drucken ausgestoßen haben. Dadurch wird dein Buch dann quasi zu 100 % klimaneutral und belastet die Umwelt viel weniger.

Dieses Siegel haben wir als Nachweis dafür bekommen. Du siehst, du hältst hier ein richtiges Naturbeschützerbuch in den Händen.

So, nun geht es aber endlich richtig los…

PALILA WILL KEIN PLASTIK MEHR – und das kam so:

„Palila, könntest du schnell den Gelben Sack für mich hinausbringen? Da passt absolut nichts mehr hinein", bittet Mama, als sie vollbeladen mit den ersten beiden Einkaufstüten in die Küche kommt.
Einmal in der Woche macht Mama einen Großeinkauf und Palila begleitet sie oft. Heute war das ein wahres Glück, denn in dem Geschäft, in das sie immer gehen, gab es wunderschöne T-Shirts mit sehr süßen Papageien darauf. Und da Palila alles liebt, was mit P beginnt, wollte sie zu gern ein solches T-Shirt haben. Überraschenderweise sagte Mama auch fast sofort Ja. Palila musste noch nicht einmal so richtig betteln, nur ganz lieb fragen und Mama ganz süß anlächeln.
„Okay, das ist so günstig, das darfst du ausnahmsweise mitnehmen", hatte Mama daraufhin gesagt und Palila war selig. Deshalb will sie jetzt auch gar nicht motzen, weil sie den Müll hinausbringen soll. „Mama hat es sich heute wirklich verdient, dass ich auch etwas Liebes mache", denkt Palila.

Schließlich hatte es erst gestern einen riesigen Streit zwischen Mama und Poldi gegeben, weil der diesen Sack mit dem Plastik- und Verpackungsmüll nicht hatte hinausbringen wollen.

„Immer soll ich das machen", hatte er gebrüllt und mit den Türen geknallt.
„Dabei stimmt das gar nicht. Wie man sieht, muss ich das auch tun", denkt Palila jetzt und zerrt an der riesigen Mülltüte.

Diese steckt im größten Mülleimer, den sie im Haus haben. Er ist viel größer als die beiden Müllbehälter für Restmüll und Papier, die in dem Schrank unter der Spüle versteckt sind. Als Mama mit der nächsten Ladung vom Auto in die Küche kommt, hat Palila es endlich geschafft, den randvollen Sack aus dem Eimer zu ziehen. Schwer ist er nicht. Es sind ja nur leere Becher, Deckel und andere Verpackungen darin. Aber er riecht eklig.

„Puh, der stinkt", ruft Palila und rümpft die Nase.
„Ich weiß", antwortet Mama. „Das kommt von den Joghurtbechern."
„Dann spül sie doch einfach", schlägt Palila vor.
„Dafür ist mir das Wasser zu schade. Wasser kostet Geld und ist wertvoll. Damit möchte ich keinen Müll spülen", antwortet Mama.

Während Palila den Sack zu den Mülltonnen am Hoftor schleppt, überlegt sie, wieso Wasser wertvoll sein soll. „Das kommt doch bei jedem einfach aus dem Wasserhahn. Aber wertvolle Sachen hat doch nicht jeder. Und nicht so viel davon, wie man will. Und Wasser kann man ja unendlich laufen lassen. Komisch."
Als sie in die Küche zurückkommt, will sie Mama danach fragen. Aber da fällt ihr Blick auf den Mülleimer für die Wertstoffe, den sie gerade geleert hat. Mama hat inzwischen einen neuen Sack hineingestülpt und der ist jetzt schon wieder zur Hälfte mit Folien und Plastikschalen voll.
„Ich glaube, du hast mehr Müll als Essen gekauft", stellt Palila fest.

Mama legt die Nudeln, die sie gerade aus einer der Tüten genommen hat, in den Schrank. Dann dreht sie sich zu Palila um und schaut nachdenklich in den Mülleimer. „Da hast du wirklich recht", muss sie zugeben.

Palila fällt noch etwas ein. „Du, Mama, als wir gestern beim Friseur waren, habe ich mir die Zeitschriften angeschaut, während du dran warst. Auf einer war ein komisches Bild mit einem großen Fisch darauf, der lauter Plastikmüll im Bauch hatte. Der Müll sah aus wie unserer."

„Ja, weißt du", sagt Mama, „heutzutage ist überall auf der Welt vieles in Plastik verpackt und nicht immer und überall wird der Müll getrennt und richtig entsorgt oder wiederverwertet. Immer wieder landet Plastikmüll im Meer und das ist ein großes Problem."
In dem Moment klingelt das Telefon und Mama nimmt ab.

„Da muss man doch was tun!", murmelt Palila vor sich hin und geht schnurstracks zu Pelle ins Zimmer. Der sitzt auf dem Boden, baut etwas und hört dabei eine Fußball-CD.
„Du, Pelle, haben Fische manchmal wirklich Plastik im Bauch?", fragt sie.
„Wie kommst du denn darauf?", will Pelle wissen.

„Ich habe in einer Zeitschrift einen Fisch mit ganz viel Plastikmüll im Bauch gesehen", erklärt Palila. „Und der Müll auf dem Bild sah genauso aus wie unserer im Gelben Sack."
„Ja, und weiter?", fragt Pelle ein bisschen ungeduldig. Er will seine CD in Ruhe weiterhören.
„Na ja", sagt Palila, „nun will ich wissen, wo unser Plastikmüll hinkommt. Ob der auch im Meer bei den Fischen landen kann?"
„Keine Ahnung." Pelle wühlt geräuschvoll in den Bausteinchen, die vor ihm auf dem Boden verstreut liegen. Immer muss Palila so komische Fragen stellen. „Frag doch Poldi", brummelt er dann. Aus Erfahrung weiß er nämlich, dass Palila erst Ruhe gibt, wenn sie Antworten auf ihre Fragen bekommen hat.

Aber er ist in Gedanken gerade bei dem Fußballturnier auf der CD. Und - auch wenn er der allergrößte Tiere-ins-Herz-Schließer der Familie ist, Schnecken liebt und Feuerkäfer rettet - von Müll hat er keine Ahnung.

Poldi ist beim Aufräumen, als Palila in sein Zimmer schlüpft und auf seinen Sessel klettert. Mama hatte ihm heute Morgen gedroht, später mit einem Sack zu kommen und alles, wirklich alles, was auf dem Boden liegt, hineinzustopfen. Nun muss er aufräumen. Gerade sammelt er seine Spielfiguren und die Teile seiner Ritterburg auf, die kreuz und quer im Zimmer verteilt sind. Palila rutscht von seinem Sessel und beginnt, die CDs ordentlich zu sortieren, die als wilder Haufen vor dem Regal liegen. Da fällt ihr Blick auf einen Gelben Sack, der an der Türklinke hängt. Immer wieder fischt Poldi Verpackungen von Bonbons, Gummibärchen und Kaugummi zwischen dem Spielzeug heraus und wirft sie in den Sack.

„Hast du eine Ahnung, ob dein Müll im Bauch von Fischen landet?", fragt Palila nun auch ihren ältesten Bruder.
„Wie kommst du denn darauf?", wundert sich Poldi.
Wieder erzählt sie von dem Bild, das sie gesehen hat.
„Komm wir schauen nach", schlägt Poldi sofort vor. Das Thema interessiert ihn ausnahmsweise auch, obwohl er den Projekten seiner Schwester bisher nicht so viel abgewinnen konnte. Außerdem ist er froh, das Aufräumen unterbrechen zu können.
„Mama!", ruft er da auch schon. „Kann ich kurz an den Computer? Ich muss etwas herausfinden. - Für die Schule!", fügt er sicherheitshalber noch im letzten Moment hinzu. Das ist noch nicht einmal so richtig geschwindelt, denn genau in dem Moment schießt ihm durch den Kopf, dass das Thema Plastik vielleicht prima für seinen Forscher-Wettbewerb in der Schule geeignet wäre.

„Okay, aber nicht zu lange! Draußen scheint die Sonne und ihr solltet noch ein bisschen hinausgehen", ruft Mama.
Poldi und Palila tippen die verschiedensten Stichwörter in der Suchmaschine am Computer ein. Die Bilder, die auftauchen, zeigen riesige Müllberge, die manchmal sogar schwarzrauchend brennen. Sie sehen Fotos von Fischen und Meeresvögeln, die gestorben sind, weil sie Plastik gefressen oder sich darin verfangen haben. In den Überschriften, die Poldi vorliest, steht etwas über Recycling, über Einweg- und Mehrwegplastik, über Mikroplastik und ganz viel über Plastik im Meer. Gerade schauen sie das Bild eines Fisches an, der genau wie in der Zeitschrift lauter Plastikmüll im Bauch hat. Da kommt Mama ins Arbeitszimmer.
„Oh", sagt sie nur und kommt näher an den Computer.
„Das ist ein trauriges Bild, oder?", fragt Palila.
„Ja, absolut", findet auch Mama.
„Da muss man doch was tun!", ruft Palila.
„Ja", meint Poldi, „ich glaube, das Thema werde ich erforschen."

Er dreht sich zu Mama um. „Wir haben hier so viele komische Wörter gelesen, von denen wir noch nie gehört haben. Was heißt denn zum Beispiel Recy ... " Er kann das Wort noch nicht einmal lesen, so komisch ist das.
„Ich glaube, du meinst Recycling." Mama lächelt. „Recyceln heißt, dass man etwas wiederverwertet. So wird zum Beispiel aus altem Papier neues hergestellt."
„Stimmt! Das haben wir einmal in der Schule gemacht", erinnert sich Poldi.
„Genau", erklärt Mama weiter. „Und aus gesammeltem Plastik wird zum Teil wieder neuer Kunststoff, also neues Plastik hergestellt."
„Das geht?", staunt Palila. „Ja, warum schwimmt es denn dann im Meer herum, wenn man es auch re...dingsbums kann?"

„Dafür gibt es sicher viele Gründe", glaubt Mama.
„Und die werde ich herausfinden", verkündet Poldi.
Am nächsten Morgen spricht er gleich seinen Lehrer auf den Wettbewerb an. „Ein tolles Thema", sagt Herr Pfeffer. „Finde doch heraus, ob ihr es schafft, plastikfrei einzukaufen. Ob das wohl geht?"
Als Poldi von der Schule nach Hause kommt, stürmt er gleich zu Mama in die Küche.
„Du, Mama, ich soll dich fragen, ob wir für meinen Forscher-Wettbewerb versuchen können, plastikfrei einzukaufen", platzt er gleich los, ohne überhaupt Hallo zu sagen.
„Au ja, das machen wir." Palila, die schon am Küchentisch sitzt und Hausaufgaben macht, ist sogleich Feuer und Flamme. „Dann bleibt der Gelbe Sack leer", vermutet sie.
Mama schmunzelt. „Das können wir gerne einmal ausprobieren. Ich finde, das ist ein ganz tolles Forschungsprojekt. Auch mich stört der viele Müll schon so lange. Aber irgendwie habe ich dann doch nie etwas geändert. Ich bin gespannt, ob es klappt."

Nach dem Mittagessen darf Poldi gleich wieder an den Computer. Er will noch mehr über die Probleme erfahren, die mit Plastik zu tun haben. Was er da liest, ist alles andere als schön. Als Mama von unten ruft, dass sie Palila jetzt schnell ins Ballett fahren muss, antwortet er: „Wartet kurz! Ich komme mit."

„Nanu", wundert sich Mama, „wieso denn das?"

Da kommt Poldi auch schon die Treppe hinunter. „Ich muss euch unbedingt erzählen, was ich alles herausgefunden habe", sagt er und flitzt mit Palila zum Auto. Kaum ist auch Mama eingestiegen, berichtet er: „Wir trennen ja unseren Müll in der Küche in verschiedenen Eimern. Und der Gelbe-Sack-Müll wird bei uns in Deutschland meistens entweder verbrannt oder sortiert und wiederverwertet, also recycelt.

Einen Teil unseres Plastikmülls verkaufen wir aber auch in andere Länder. Die möchten das Plastik auch sortieren und dann an Firmen verkaufen, die wieder neue Plastiksachen daraus herstellen. Manchmal wird es dort aber zuerst einfach auf riesigen Müllbergen gesammelt. Der Wind treibt dann von dort den Müll ins Meer.

Aber auch bei uns gelangen Plastikabfälle ins Meer. Menschen werfen zum Beispiel beim Spazieren gehen am Fluss eine Plastikflasche weg, der Wind bläst sie in den Fluss und der trägt sie bis ins Meer."

„Und die großen Fische verschlucken sie vielleicht aus Versehen", wirft Palila ein.

Da fällt ihr noch etwas ein: „Für Plastikflaschen gibt es doch meistens Pfand. Die wirft doch keiner weg, oder?"
„Stimmt, warum gibt es denn darauf Pfand?", will jetzt auch Poldi wissen.
„Das Pfandsystem soll dafür sorgen, dass du die Flasche wieder abgibst und eben nicht einfach wegwirfst. Beim Kaufen einer vollen Flasche bezahlst du zuerst ein paar Cent Pfand und wenn du sie abgibst, bekommst du das Geld wieder zurück. Die gesammelten Plastikflaschen sind alle aus Kunststoffen, aus denen man gut wieder etwas Neues herstellen kann."
„Eigentlich eine gute Idee", findet Poldi.
„Aber noch besser wäre es, man würde gar kein Plastik mehr kaufen, dann landet es auch nicht aus Versehen im Fischbauch", überlegt Palila.
„Da hast du recht", stimmt Poldi ihr zu. „Aber ob das klappt?" Nachdenklich schaut er aus dem Fenster.
„Am Wochenende machen wir einen Großeinkauf und probieren es", schlägt Mama vor. „Ich bin auch gespannt."

An der Ballettschule angekommen, schnappt sich Palila ihre rosa Tasche und verkündet: „Ich kann allein hineingehen." Und schwupp, ist sie auch schon ausgestiegen und rennt zur Tür. Mama schmunzelt und dreht sich nach hinten zu Poldi um.

„Weißt du was?", sagt sie dann. „Wir gönnen uns jetzt das erste Eis des Jahres."
Poldi strahlt.
Zusammen schlendern sie zur Eisdiele an der nächsten Straßenecke. Dort ist an so einem sonnigen Frühlingstag wie heute eine lange Schlange. Als sie endlich an der Reihe sind, wählt Poldi eine Kugel Schokolade und eine Kugel Erdbeere im Becher. Er liebt es, sein Eis zu löffeln. Doch Mama unterbricht ihn beim Bestellen.
„Bist du dir sicher, dass du das Plastiklöffelchen wirklich brauchst?", grinst sie.
Poldi schaut sie zuerst verwirrt an, dann kapiert er. „Geben Sie mir bitte lieber eine Waffel", ändert er dann schnell seine Bestellung und erklärt dem Eismann: „Ich spare nämlich Plastik."
Als sie ihr Eis fertig geschleckt haben, ist die Schlange vor der Eisdiele gerade so kurz, dass Mama sich rasch noch einmal anstellt, um auch Palila nach der Ballettstunde mit einem Eis zu überraschen.

Palila strahlt, als sie Mama mit dem Eis in der Hand am Auto stehen sieht. Genüsslich schleckt sie es rundherum ab, bevor sie Mama ihre Wasserflasche entgegenstreckt.
„Die nehme ich nicht mehr", verkündet sie.
„Und warum?", fragt Mama verwundert. Bisher mochte Palila diese Bärenflasche immer besonders gern.
„Ist aus Plastik", erwidert Palila in einem Ton, der vermuten lässt, dass es sich dabei um etwas Abscheuliches handeln muss. Dann steigt sie ins Auto.
„Aber deine Flasche ist ja kein Einwegplastik", erklärt Poldi, der schon im Auto sitzt. „Die kannst du ruhig noch verwenden."

„Was ist Einweg?", will Palila zuerst einmal wissen. „Das sind Dinge, die man nur einmal benutzt, wie zum Beispiel die Plastikflaschen, die man zurückbringt, wenn sie leer sind. Aber deine Flasche ist Mehrwegplastik. Die spült Mama ja und du kannst sie immer wieder verwenden."

Darüber muss Palila eine Weile nachdenken. „Aber irgendwann, wenn sie einmal gebrochen ist oder so, dann werfen wir sie in den Müll, oder?"
„Ja klar. Das müssen wir dann wohl", stimmt Mama zu.
„Und dann könnte sie aus Versehen auch im Meer landen. Richtig?", hakt Palila nach.
„Möglicherweise schon", glaubt auch Poldi.
„Dann nehme ich die nicht mehr", beschließt Palila.
„Ja, aber dann müssen wir sie jetzt gleich wegwerfen, obwohl man sie noch benutzen kann. Das ist auch nicht schlau", überlegt Poldi.
Palila muss zugeben, dass er recht hat.
Da hat Mama eine Idee. „Wie wäre es, wenn wir die Trinkflaschen, die wir schon haben, einfach weiter benutzen, bis sie kaputt sind. Und wenn wir neue brauchen, dann suchen wir welche aus Metall oder Glas."

Wieder muss Palila nachdenken. „Okay, einverstanden", sagt sie schließlich und grinst mit ihrem schokoeisverschmierten Mund fröhlich vor sich hin. Es hätte ihr schon sehr leidgetan, ihre Lieblingsbärenflasche wegzuschmeißen.

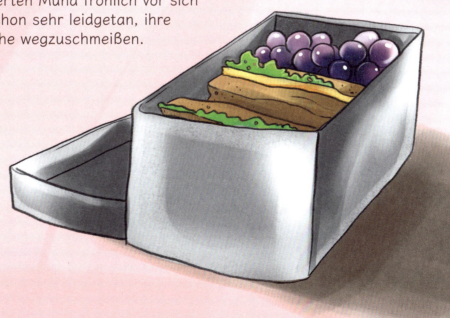

Am Samstagmorgen können es Palila und Poldi kaum aushalten, bis sie endlich zum Einkaufen losfahren können. Freiwillig helfen sie beim Tischabräumen und tragen auch schon die Kiste mit den leeren Wasserflaschen aus der Garage zum Auto. Aber Mama fällt dauernd noch etwas ein, was sie noch schnell erledigen muss. Schließlich verkündet Papa, dass er auch mitmachen möchte bei dem Projekt, von dem seit Tagen alle sprechen. Also schreibt Mama nur rasch einen Einkaufszettel und schon kann es losgehen.

Papa, Poldi und Palila fahren zu dem Geschäft, in das sie meistens gehen. Zuerst kommen sie zum Gemüse. Papa holt den Einkaufszettel aus der Jackentasche und liest vor: „Blumenkohl, Karotten, Zwiebeln und Kartoffeln sollen wir kaufen."
Den Blumenkohl sieht Palila schon und legt ihn in den Einkaufswagen. Gerade will sie auch nach einer Tüte Karotten greifen, als ihr einfällt: „Die können wir nicht nehmen. Die sind in einer Plastiktüte."
„Das Netz, in dem die Kartoffeln und Zwiebeln sind, ist auch aus Plastik", ruft Poldi, der schon weitergegangen ist.
„Oh je", sagt Papa.

Beim Obst sieht es schon besser aus. Die Bananen sind unverpackt.
Birnen, Äpfel und Orangen gibt es mit und ohne Plastikhülle.
Zwei ältere Damen, die schon bei den Äpfeln stehen, haben sich von einem Ständer eine dünne Tüte genommen, in die sie nun ihre Äpfel selbst verpacken.
„Wenigstens diese Plastiktütchen haben wir schon immer gespart", denkt Palila zufrieden und legt die Äpfel wie immer einzeln in den Einkaufswagen.
Im Kühlregal entdeckt Papa als nächstes Joghurt im Glas.
„Oh lecker! Sogar Erdbeere!", freut sich Poldi.

Aber als sie wenig später an der Kasse stehen, ist der Einkaufswagen, der sonst beim Wocheneinkauf fast überquillt, so gut wie leer. Nur noch Nudeln, Reis, Eier und Butter haben sie ohne Plastikverpackung gefunden. Etwas ratlos steigt Papa mit den Kindern ins Auto.

„Lasst es uns noch in einem anderen Supermarkt probieren", schlägt er vor. Dort bekommt die Familie nun Milch und Sahne in Glasflaschen. Wurst und Käse legt ihnen eine nette Verkäuferin hinter der Theke direkt in die Dosen, die Mama ihnen vorsorglich mitgegeben hat. Die sind zwar auch wieder aus Plastik, aber eben Mehrweg, wie Palila inzwischen weiß.
„Das ist ja schwieriger, als ich dachte", sagt Papa nachdenklich, als sie ihre Einkäufe im Kofferraum verstauen.

„Jetzt fehlen uns noch Quark, Streichkäse, Toilettenpapier und Küchenrollen", liest Palila von Mamas Liste vor.
„Ja, und Karotten, Kartoffeln und Zwiebeln", erinnert sich Poldi.
Papa überlegt. Da kommt ihm eine Idee. „Ein Kollege hat mir von einem Bioladen erzählt, gar nicht so weit weg von hier. Da probieren wir jetzt auch noch unser Glück."
„Au ja", strahlt Poldi. „Ich würde es so gerne schaffen, alles plastikfrei zu bekommen."
Und tatsächlich. Der Bioladen, in dem es wunderbar heimelig duftet, wie Palila findet, hat fast alles, was sie brauchen. Quark und Streichkäse gibt es im Glas, alles Obst und Gemüse liegt unverpackt in großen Körben und sogar das Toilettenpapier gibt es in einer Papierverpackung.
„Oh, das ist aber wirklich teuer", stöhnt Papa nun, als Poldi auch das in den Einkaufskorb legt. „Vieles, was wir heute gekauft haben, hat mehr gekostet als die Sachen, die wir sonst kaufen", erklärt er.
„Aber warum?", will Palila wissen.

„Na ja, in dem ersten Geschäft, in dem wir heute waren, ist alles sehr günstig. Aber leider ist auch fast alles in Plastik verpackt. Die Dinge, die wir im nächsten Supermarkt gekauft haben, waren schon etwas teurer. Wir haben ja heute nicht auf den Preis geachtet, sondern darauf, wie die Dinge verpackt sind. Und hier im Bioladen ist alles bio und das kostet sowieso mehr", erklärt Papa.
„Aber wir machen das ja für die Fische, stimmt's?", vergewissert sich Palila.
„Genau", schmunzelt Papa.
Bevor Palila weiterfragen kann, überlegen Poldi und Papa schon, ob der Versuch, plastikfrei einzukaufen, nun als geglückt gelten kann, obwohl ihnen immer noch die Küchenrollen fehlen.

„Dieser Versuch ist absolut geglückt", findet Mama, als sie ihr daheim alles berichten. „Für das Küchenrollenproblem habe ich auch schon eine Lösung." Mit einem geheimnisvollen Mamalächeln holt sie ihr Handy und zeigt den Kindern ein Foto. „Erst vor ein paar Tagen habe ich diese Idee im Internet gefunden", freut sie sich. „Hier wird beschrieben, wie man sich aus alten Handtüchern eine waschbare Küchenrolle selbst näht."

„Das ist ja eine coole Idee", staunt Papa.
„Au ja, die nähen wir!" Palila würde am liebsten sofort loslegen. Seit Weihnachten hat sie eine eigene Nähmaschine und die Anleitungen aus dem Kindernähbuch schon alle nachgenäht.

Auch Poldi freut sich. „Das muss ich am Montag gleich in der Schule erzählen. Es ist zu schaffen. Man kann plastikfrei einkaufen."

Als er einige Wochen später als stolzer Preisträger des Forscherwettbewerbs an seinem Präsentationsstand steht, erzählt er den Besuchern, wie viel Kilo Plastik seine Familie in den letzten Wochen beim Einkaufen schon eingespart hat. Er weiß auch, dass inzwischen ganz in der Nähe ein Unverpackt-Laden aufgemacht hat. Dort kann man sich vieles aus großen Behältern selbst in mitgebrachte Gläser oder Dosen abfüllen.
Palila ist mächtig stolz auf ihren großen Bruder. Sie zupft an Mamas Ärmel, bis die sich zu ihr hinunterbeugt.
„Alle sollten Plastik sparen, stimmt's?", flüstert sie ihr ins Ohr.
„Da hast du recht", flüstert Mama zurück.

Palila und Mama nähen sich ihre Küchentücher selbst. Machst du mit?

Und hier ist die Anleitung:

1. Frage deine Mama nach einem alten Handtuch. Es darf ruhig schon ein Löchlein haben, denn wir zerschneiden es sowieso.

2. Falte ein Papier in die Größe, die du haben möchtest. Nun kannst du das Papier ganz bequem auf das Handtuch legen und mit dem Stift außen herum fahren. Danach legst du das Papier direkt neben eine der eingezeichneten Linien und umfährst es wieder. Das machst du so lange, bis kein weiteres Quadrat mehr auf das Handtuch passt.

3. Jetzt brauchst du eine Schere, die gut Stoff schneiden kann. Wenn ihr keine spezielle Stoffschere habt, probiere einfach mehrere eurer Scheren aus. Bestimmt ist eine dabei, mit der du die Handtuchquadrate gut ausschneiden kannst.

4. Als nächstes muss man mit der Nähmaschine einmal um jedes Handtuchquadrat außen herum nähen. Am besten eignet sich dafür ein Zick-Zack-Stich. Dann „franseln" deine Küchentücher in der Waschmaschine nicht aus.

5. Danach suchst du dir ein kleines Körbchen oder eine kleine Kiste, in die du deine Küchentücher einsortieren kannst. Du kannst auch einen kleinen Pappkarton nehmen und ihn bunt bemalen oder bekleben.
Probiere aus, wie du deine Küchentücher falten möchtest, damit sie alle in das Körbchen oder deine Kiste passen und dabei noch hübsch aussehen. Vielleicht möchtest du sie auch rollen und hineinstellen?

 Tipp: Zum Schluss müsst ihr gemeinsam überlegen, wo ihr die benutzen Tücher bis zur nächsten Wäsche aufbewahrt, denn meist sind sie feucht und recht schmutzig. Palilas Mama hat einen alten Blumentopf aus Ton vor das Küchenfenster gestellt. In den kann die Familie die benutzen Tücher einfach hineinwerfen. Dort im Freien fangen sie nicht so schnell an zu „müffeln". So oft sie kann, wäscht Mama die Tücher dann zusammen mit passender Wäsche in der Waschmaschine.